SPREKEN IN HET OPENBAAR EN JE PUBLIEK BOEIEN

Eenvoudige stappen om elk publiek voor zich te winnen

SPREKEN IN HET OPENBAAR EN JE PUBLIEK BOEIEN

Eenvoudige stappen om elk publiek voor zich te winnen

geschreven door Nicolas Martin
vertaald door Nikki Claes

SPREKEN IN HET OPENBAAR EN JE PUBLIEK BOEIEN

- **Probleem?** Hoe beheers je je angst en overwin je stress om je met succes in het openbaar uit te drukken?

- **Waarom is het belangrijk?** Het is onmogelijk om spreken in het openbaar te vermijden in de professionele wereld. Wat de vorm van de interventie ook is, het omgaan met stress om uw spreekvaardigheid in het openbaar in alle omstandigheden te ontwikkelen en te versterken kan alleen maar een voordeel zijn.

- **Professionele context?** Zoeken naar werk (interviews, groepsgesprekken), interne presentaties (van een project, een afdeling, doelstellingen, resultaten, notulen van vergaderingen), professionele interventies (conferenties, seminars, opleidingen, beurzen, presentaties aan universiteit/school).

- **FAQ?**

  - Waarom zijn we bang om ons in het openbaar uit te spreken?

  - Welke praktische oefeningen helpen om stress te overwinnen?

  - Hoe bereid je je voor op een interventie?

  - Welke fouten mag je niet maken?

  - Wat als ik mijn presentatie uit het oog verlies?

- Hoe hou je het hoofd koel bij een strikvraag?
- Moeten we bang zijn voor stiltes?
- Is een *PowerPoint-presentatie* nog nodig?

Elke presentatie voor een kleiner of groter publiek is anders, omdat het publiek zelf nooit hetzelfde is. Het onderwerp varieert ook en kan, tenzij je een expert bent in het onderwerp, ook een bron van angst zijn. Maar er zijn ook andere externe factoren zoals voorbereidingstijd, de locatie van de presentatie en persoonlijke gebeurtenissen die van invloed kunnen zijn op de beste spreker.

Maar zijn we dan veroordeeld om deze oefening altijd als iets moeizaams te ervaren? Want als de beste spreker niet alle parameters kan beheersen die een openbare toespraak succesvol maken, wat gebeurt er dan met ons, gewone mensen? Zijn we gereduceerd tot een voortdurend besef van spreken? Of erger nog, zitten we, als we eenmaal voorbij dit begrip van de toespraak zijn, onvermijdelijk vast in deze vicieuze cirkel waaruit we niet kunnen ontsnappen, omdat het onmogelijk is de situatie volledig onder controle te krijgen?

Dit is een trieste redenering! Want hoewel het voor ons onmogelijk is om alles onder controle te houden om onszelf deze stress te besparen, is het toch gemakkelijk om deze aanzienlijk te verminderen dankzij methoden en oefeningen die voor iedereen toegankelijk zijn, mits we bereid zijn deze verandering in al haar dimensies te begeleiden.

Aangezien dit een levenslang proces is, vanwege de subjectieve en evoluerende aard ervan, moet u deze oefening desacraliseren door inzichten, methoden en tips te ontdekken en persoonlijk toe te eigenen die u doen beseffen dat spreken in het openbaar geen doodvonnis is. Het is slechts een kwestie van tijd voordat u niets dan opwinding voelt bij de gedachte aan uw volgende publieke spreekbeurt.

> *"Van kinds af aan heb ik vaak in de schijnwerpers gestaan: eerst omringd door tientallen andere mensen op dansgala's, daarna ging ik al snel bij een band en zat ik achter een microfoon bij verschillende concerten. De stress, hoewel aanwezig, droeg me en leek me niet te verlammen.*
>
> *Ondanks een relatief frequente blootstelling aan het publiek is het spreken voor een groep altijd moeilijk en gevaarlijk gebleken. Een knoop in de maag gedurende de beslissende momenten (soms uren) voorafgaand aan de toespraak, en zeer snel, zodra de eerste zinnen zijn uitgesproken, roodheid op de wangen, die zich spoedig uitbreidt naar de rest van het gezicht. Onmogelijk te verbergen door de sterke sensatie van warmte die hen vergezelt. Ze maken me niet alleen volkomen belachelijk, maar verstoren ook mijn concentratie en maken de oefening onoverkomelijk. Ik ben niet echt een verlegen persoon en ik begrijp niet wat me in zo'n toestand kan brengen.*

Het was uiteindelijk in de muziek dat ik mijn antwoord vond: wat me bang maakt is in feite improvisatie. Op dezelfde manier als ik niet in staat was teksten te verzinnen tijdens een muzikale jam, heb ik veel moeite met het beantwoorden van een onverwachte vraag tijdens een presentatie, en in het algemeen met het verlaten van het kader dat ik mezelf heb gesteld door me op gladde paden te begeven.

De stress in verband met de moeilijkheid om onmiddellijk te improviseren bij een onverwachte reactie is nog steeds een belemmering die ik in mijn beroepsleven ervaar. Als verspreidingsmedewerker van een artistiek gezelschap is het mijn voornaamste taak om programmeurs te bellen die tientallen keren per dag worden benaderd om hen ervan te overtuigen een aantal van mijn voorstellingen te programmeren. Het perfect kunnen presenteren van een show (wat ik soms niet heb meegemaakt) en het beantwoorden van alle mogelijke obstakels en bezwaren is nog geen aspect van mijn werk dat ik volledig onder de knie heb.

Maar aangezien spreken een integraal onderdeel van mijn studie is geweest, en nu ook deel uitmaakt van mijn beroepsleven, heb ik geleerd er omheen te werken, zo niet ze op te lossen."

Getuigenis van Anne Rouchouse (belast met de verspreiding in de culturele sector)

DE BASIS VAN ZELFVERZEKERD SPREKEN

Men heeft geen precieze cijfers nodig om te beseffen hoeveel mensen aan deze fobie lijden. Angst voor spreken in het openbaar, of "glossofobie" – van het Griekse [*glossa*] "taal" en [*phobos*] "angst" – is een van de meest voorkomende angsten. Zeker drie van de vier mensen zouden zich angstig voelen om voor een groep te spreken. Met andere woorden, de meeste mensen die voor u staan tijdens één van uw presentaties zouden in uw plaats net zo gestrest zijn. Hoewel dit in eerste instantie geruststellend kan zijn, is het helaas lang niet genoeg om het "onoverkomelijke" te overwinnen.

Je angst voor spreken in het openbaar overwinnen en een presentatie geven die in alle opzichten dynamisch en meesterlijk is, is een langdurig proces. Je zult zelden op je lauweren kunnen rusten, want elke presentatie is anders. U zult echter een methode en trucs ontwikkelen die u kunt aanpassen aan uw eigen presentaties en omstandigheden.

HET BEGIN, OM ALLE VRAGEN TE STELLEN

Eerste stap: brainstormen

Brainstormen is een techniek die in de beroepswereld vaak wordt gebruikt omdat ze onmiskenbare voordelen heeft. Bij de voorbereiding van een openbare spreekbeurt, waarin u de hoofdpersoon bent, kan deze techniek nuttig zijn om alles op te sommen wat u persoonlijk niet bevalt en alles wat uw aandacht trekt tijdens een presentatie.

Deze bezinning moet aan elk presentatie-initiatief voorafgaan; zij vindt zelfs plaats voordat u de doelstellingen van een te houden presentatie vaststelt, want als u zich eenmaal in een bepaald onderwerp verdiept hebt, loopt u het risico de afstand te verliezen die u eerder in staat stelde de ideale structuur voor een overtuigende toespraak te bedenken, ongeacht het onderwerp. Het gaat er hier niet om zich te concentreren op een bepaalde presentatie, maar om een methode te vinden voor alle toekomstige toespraken. De doelstellingen van brainstormen zijn:

- aan de ene kant dat je je losmaakt van een te rigide kader en je reflectie laat gaan over elementen die op het eerste gezicht minder relevant lijken;
- anderzijds dat u vanaf de eerste fasen van het voorbereidingsproces sereen bent en een goede start maakt om uw stress en vrees zo snel mogelijk en geleidelijk te bestrijden.

 **PRAKTISCHE OEFENING**

Maak gebruik van je ervaringen! Vraag jezelf af wat je niet goed vond aan de presentaties die je bijwoonde en wat je een betere luisteraar zou hebben gemaakt. Als u deze concrete voorbeelden en tegenvoorbeelden kent, zult u de kneepjes van het vak waarmee u de aandacht van een publiek kunt trekken, beter begrijpen.

Op basis van uw observaties zou u een iets duidelijker idee moeten hebben van hoe uw toekomstige presentatie eruit zou kunnen zien. En aangezien een geslaagde presentatie een harmonieuze combinatie is van vorm en inhoud, kun je deze techniek ook toepassen op de inhoud. Het is dan aan jou om het nut ervan te beoordelen in termen van wat je al weet over het onderwerp en wat je nodig hebt.

Voor degenen onder u met een zeer angstig karakter, neem de tijd om deze brainstorming ook voor de achtergrond te doen. Aan het begin een overzicht hebben van uw kennis van het betreffende onderwerp – moet ik verder onderzoek doen om het onderwerp onder de knie te krijgen? – zal u in staat stellen uw strijd tegen stress voort te zetten door de potentiële bronnen ervan rechtstreeks aan te pakken. Bij het spreken komt een groot deel van de stress namelijk voort uit het feit dat je bepaalde elementen soms slecht beheerst en je vreest dat dit op de dag zelf ontdekt zal worden. Wij raden u dan ook aan om een brede kennis te hebben om aan sereniteit te winnen!

Tweede stap: een kader vaststellen

Voordat je je verdiept in het hart van de voorbereiding van je toespraak, is het noodzakelijk jezelf enkele inleidende vragen te stellen (geen volledige lijst).

- **Met wat voor soort publiek krijg ik te maken?** Het is belangrijk te weten of het publiek homogeen of heterogeen is, experts of nieuwelingen, en hun verwachtingen te bepalen.

- **Wat is het algemene doel van mijn interventie?** Om te informeren? Om te onderwijzen? Overtuigen? Entertainen?

- **Wat zijn de subdoelstellingen?** Je kunt er maximaal drie formuleren. Zij vloeien voort uit de algemene doelstelling, maar zijn specifieker en vaak kwantificeerbaar. Zo zouden de meeste mensen (3/4 van de deelnemers) de vergadering moeten verlaten en weten hoe de nieuwe intranet-interface moet worden gebruikt.

- **Welke middelen heb ik om deze doelstellingen te bereiken?** Ze kunnen materieel of immaterieel zijn: uw deskundigheid, uw vermogen om een vraag uit te leggen of te beantwoorden, enz.

- **Wat zijn mijn troeven voor deze interventie?** Verstop je niet en aarzel niet om je kwaliteiten te benadrukken.

 **KLEIN PLUSPUNT**

Veel te veel mensen hebben de neiging zichzelf te denigreren en ervaren spreken als een onvermijdelijkheid te beschouwen, vooral als het hen wordt opgelegd. Door na te denken over hun kwaliteiten kunnen zij dit systematisch denigreren tegengaan en zich in de tegenovergestelde dynamiek plaatsen, die van "zelfapologie" en volledige bewustwording van hun capaciteiten.

VOORBEREIDING, OM DE HELE INTERVENTIE TE CONTROLEREN

De voorbereiding moet centraal staan. Personal trainers en deskundigen op dit gebied zullen u vertellen dat meer dan driekwart van uw succes ligt in uw vermogen om u goed voor te bereiden. En net als bij de inleidende vragen gaat het erom zowel aan de inhoud als aan de vorm te werken.

De achtergrond

Door vooraf te brainstormen heb je al kunnen nadenken over de inhoud van je toespraak. Vereenvoudig nu uw werk door rekening te houden met drie belangrijke elementen:

* Zoeken naar informatie die je nog steeds ontgaat;

* de ordening van ideeën door de ontwikkeling van een duidelijk plan om een nauwkeurige, krachtige en professionele boodschap over te brengen;

* een deel of de hele toespraak opschrijven, die als "partituur" gebruikt zal worden tijdens de repetities.

 **TIP VOOR MENSEN MET ANGST**

Schrijf eerst je hele speech uit. Zo kunt u uw eigen woorden geven aan de ideeën die u wilt ontwikkelen, zodat u zich de kwestie eigen kunt maken, terwijl u de stress blijft bestrijden.

Als u op de dag zelf een *PowerPoint-presentatie* gaat gebruiken, maak dan van de gelegenheid gebruik om aan de slag te gaan. Maar pas op dat je geen stappen overslaat! U kunt het beste beginnen met alleen de dia's in te vullen. De opmaak komt later. Werk dus eerst met witte achtergronden.

De vorm

Als je eenmaal goed bezig bent met de inhoud van je presentatie, is het tijd om na te denken over de vorm die je aan je ideeën gaat geven. Ga terug naar het plan dat je vooraf hebt gemaakt, zodat je gemakkelijk kunt jongleren met de verschillende onderdelen van je presentatie.

In dit stadium moet je wat je tijdens je brainstormsessie hebt opgeschreven aanpassen aan een mondelinge stijl. Vergis u niet, uw stijl, hoe goed die schriftelijk ook is, zal onvermijdelijk zwaarder en minder natuurlijk overkomen wanneer u hem uitspreekt. Werk dus vooral aan dit aspect om niet het risico te lopen de aandacht van uw publiek te verliezen.

 **UW TOESPRAAK AANPASSEN**

Hoewel het gebruik van technisch jargon u kan geruststellen, moet u niet de fout maken te denken dat uw publiek bestaat uit deskundigen op dit gebied. Zorg ervoor dat je het onderwerp dat je behandelt vereenvoudigt, zelfs als dat betekent dat je bepaalde informatie zo nodig moet vereenvoudigen.

Gebruik waar mogelijk metaforen die passen bij uw publiek. Als u een complexer project of een technische wijziging presenteert, aarzel dan niet om uw punten te illustreren met duidelijke vergelijkingen die iedereen aanspreken.

Deze taalvereiste zal zowel een open geest als tijd vergen. Afgezien daarvan zal het onderzoeken van informatie en het organiseren van ideeën normaal gesproken slechts een klein deel van uw tijd in beslag nemen.

Nogmaals, werk methodisch:

* sectie na sectie, in de volgorde van uw presentatie;

* uw materiaal, zoals uw *PowerPoint-presentatie* als u besloten hebt er een te maken.

 ## DIAGRAM OP *POWERPOINT*

Door de ideeën die u in uw toespraak wilt ontwikkelen te manipuleren, kunt u sommige daarvan in uw dia's verwerken (bijvoorbeeld met behulp van de opmaaksjablonen die de software biedt). Dit geeft een meerwaarde aan uw *PowerPoint-presentatie*: visueel effect en efficiëntie gegarandeerd!

Simulatie

Om de overgang van schriftelijke naar mondelinge stijl beter te visualiseren, volgt hier een voorbeeld van aanbevelingen betreffende de culturele actie van Frankrijk in de wereld om zijn dynamiek en culturele invloed te herwinnen.

- **Geschreven toespraak:**

> *"Als Frankrijk opnieuw een culturele invloed wil verwerven die vergelijkbaar is met die van de vorige eeuw, moet zijn externe culturele actie gebaseerd zijn op een strategie in drie fasen, die gelijktijdig en niet los van elkaar worden uitgevoerd.*
>
> *Frankrijk moet er namelijk in slagen zijn culturele netwerk in het buitenland, maar ook in Frankrijk zelf, te stabiliseren, zowel in kwalitatief als in kwantitatief opzicht, net zoals het van essentieel belang is het beeld van de culturele actie in het buitenland te evalueren om de verschillende percepties te begrijpen, zonder te vergeten de problemen op te lossen die het netwerk intern blijven beïnvloeden.*
>
> *Anderzijds moet het netwerk tegelijkertijd een beleid voeren ter bevordering van belangrijke actieterreinen door er in bepaalde geografische gebieden prioriteit aan te geven. Deze omvatten de film-, muziek- en literaire sector, met inbegrip van boeken en geschriften.*
>
> *Ten slotte moet Frankrijk, om deze strategie op drie fronten te voltooien, de verschuiving in zijn cultuurbeleid bevestigen, namelijk de interculturele en interdisciplinaire dimensies van zijn optreden in het buitenland. Of het nu gaat om*

De drie essentiële elementen zijn zichtbaar verschillend in de drie paragrafen. Deze drie paragrafen zullen echter in mondelinge vorm zichtbaarder moeten worden gemaakt.

- **Mondelinge toespraak:**

<blockquote>
culturen + verdediging van culturele doelen, cf. Syrië en Mali + verdediging van bedreigde volkeren, cf. Oeigoeren) bevestigen."
</blockquote>

De gebruikte woorden zijn algemener en de zinsbouw eenvoudiger, terwijl het gebruik van herhalingen zoals "moeten" helpt om de drie sleutelwoorden te benadrukken waarop de aandacht van het publiek wordt gevestigd: "stabilisatie", "versterking" en "bevestiging". Het gebruik van deze drie sleutelwoorden kan gepaard gaan met gebaren die de aandacht van het publiek op het *PowerPoint-diagram* vestigen.

- **Modelleren in *PowerPoint*:**

De dia is overzichtelijk, zonder overdaad aan tekst. De sleutelwoorden worden duidelijk weergegeven en in een schema dat u in staat stelt het verband tussen de ideeën te begrijpen. De voorbeelden die uw betoog ondersteunen en de kernwoorden duidelijker maken, hoeft u niet op te nemen.

 **FOOLPROOF TIP**

Om de aandacht van uw publiek bij uw *PowerPoint-presentatie* te houden, moet u ervoor zorgen dat u er geen volledige zinnen op schrijft en ze voorleest. Vandaar de noodzaak om alleen sleutelwoorden, zinnen en diagrammen van ideeën te gebruiken, zodat uw publiek actief deelneemt en moeite doet om de verbanden tussen wat u zegt en uw materiaal te begrijpen.

Training of repetities

Nu alle elementen aanwezig zijn, kun je de presentatie met meer vertrouwen en controle gaan repeteren. Dit is een periode van fine-tuning bij uitstek, bedoeld om inhoud en vorm op elkaar af te stemmen.

Oefenen vereist een zekere mate van zelfverloochening, omdat je de dingen op een natuurlijke en logische manier moet laten gebeuren. Ideeën waarvan je dacht dat ze op een bepaalde manier zouden vloeien, kunnen duidelijker worden als je ze anders presenteert. Het gebruik van uw materialen kan ook een probleem zijn. Verbetert uw *PowerPoint* het begrip van uw toespraak? Maakt het de dingen ingewikkelder dan ze werkelijk zijn?

Dit moment, dat zeker dicht bij de eigenlijke toespraak ligt, verdient uw volle aandacht, want u kunt er zeker van zijn dat u nog veel onderdelen van de presentatie zult moeten aanpassen. Besteed hier dus evenveel tijd aan als aan het werken aan de vorm, om de eenvoudige reden dat het de continuïteit van de vorm is, en oefen voor verschillende soorten publiek om op alle mogelijkheden voorbereid te zijn!

- Alleen, om uw toespraak en dia's aan te passen, en uw publiek een coherente, precieze en professionele toespraak aan te bieden.

- Voor één of twee mensen die je kent, om je lichaamstaal, je aantrekkingskracht en de duidelijkheid van je woorden te testen.

- Voor één of twee mensen van hetzelfde type als diegenen die op de dag zelf uw publiek zullen vormen, voor eventuele meer technische aspecten en om u onder meer voor te bereiden op vragen waaraan u niet had gedacht.

KLEIN PLUSPUNT

Werk aan je inleiding, test verschillende invalshoeken om te zien wat vanaf het begin de aandacht trekt, zodat je de rest van de presentatie met meer vertrouwen tegemoet ziet.

Dankzij deze rollenspeloefeningen krijgt u directe feedback van uw "proefkonijnen". Het is nu aan u om aanpassingen te maken en bepaalde details te verfijnen! Door uw presentatie anders te repeteren, beheerst u bovendien zonder al te veel moeite de inhoud ervan en houdt u meer tijd over voor wat u het meest vreest: de confrontatie met de ogen van uw publiek.

DEZE PRESENTATIE, OM DE VOORTGANG ERVAN BETER TE BEHEREN

De grote dag nadert snel. Je hebt tijd gehad om te oefenen en hebt je onderwerp, je *PowerPoint-presentatie*, je toespraak en hoe je die moet houden onder de knie. Toch voel je de stress van het jezelf voorstellen voor de rest van de kamer. Raak niet in paniek en neem de tijd om te ontspannen met wat oefeningen.

Voor de presentatie, ademhalingsoefeningen

Om uw stress te verminderen vlak voordat u begint, kunt u enkele eenvoudige ademhalingsoefeningen doen die slechts enkele minuten duren.

- **Vierkante of viertakt ademhaling:** tel tot 4 als u inademt, houd uw adem nog 4 seconden vast, adem dan uit, tel tot 4 en houd uw adem weer 4 seconden vast. U kunt deze cyclus ongeveer tien minuten herhalen om uw ademhaling en hartslag te helpen reguleren.

- **Ademhaling in beweging:** gun jezelf een korte wandeling waarbij je je concentreert op je ademhaling door in te ademen door je neus en uit te ademen door je mond voor de duur van de wandeling. Je kunt een blokje om lopen, rond een gebouw, afhankelijk van je omgeving.

- **De bevrijdende ademhaling:** adem diep in en uit terwijl je tegelijkertijd je armen naar de grond gooit. Je armen op de grond gooien kan bevrijdend voelen, alsof je je ontdoet van stress en angst door ze op de grond te gooien. Voel je vrij om jezelf af te zonderen om deze oefening te doen!

Tijdens de presentatie, punten om in gedachten te houden

De presentatie begint. Je hebt wat oefeningen gedaan om je hartslag te vertragen en nu is het tijd om te beginnen.

Als je de gelegenheid hebt, wissel dan een paar woorden uit met iemand die je kent, totdat je moet beginnen spreken. Het doel hiervan is je aandacht af te leiden van de op handen zijnde toespraak, je aan iets anders te laten denken zodat je de ontspanningsoefeningen niet verpest. Gezien de voorbereiding die je vooraf hebt gedaan, is er geen reden om een paar minuten voor de start te stressen!

Probeer tijdens je presentatie zo veel mogelijk:

* te zorgen voor algemene samenhang, aangezien veranderingen van welke aard ook het publiek kunnen verwarren en afleiden van de toespraak;

* neem de tijd om te ademen;

* controleer je spreeksnelheid;

* houd een fles water bij de hand;

* wees niet bang voor een paar seconden stilte;

* om niet statisch te blijven;

* optimistisch en positief te blijven.

 **TE VERMIJDEN**

Vermijd wegstaren of in de ruimte staren. Iedereen heeft deze technieken geprobeerd en ze richten de aandacht van je publiek alleen maar op je angst. Probeer je in plaats daarvan te interesseren voor je publiek, bijvoorbeeld door vooraf een lijst van deelnemers te vragen of door het profiel van enkele aanwezigen tijdens je toespraak te achterhalen.

Het onverwachte, naar een mogelijk lang werk aan zichzelf

Als tijdens de voorbereidingsfase het onverwachte al een bron van stress was, in afwachting van vragen, reacties of gevaren, dan geldt dat ook tijdens de presentatie. Sommige mensen die hun presentatie onder de knie hebben, zullen zich niet overweldigd voelen door een onverwachte vraag of opmerking, terwijl anderen de moed kunnen verliezen. Als u tot de laatste categorie behoort, moet u weten dat leren omgaan met het onverwachte een langdurig proces is en dat niet alles in één presentatie zal veranderen. Juist door oefening zult u bepaalde technieken kunnen toepassen en zo deze onvoorziene gebeurtenissen beter kunnen beheersen.

In het algemeen zul je, om naar binnen te beginnen kijken om beter te kunnen reageren op het onverwachte, moeten leren om:

- je emoties te beheersen en dus om jezelf goed te kennen;

- aanpasbaar en flexibel zijn;

- dingen te relativeren en optimistisch te blijven.

Hoewel voorbereiding op spreken in het openbaar op zich goed is, kan het je ook minder openstellen voor het onverwachte en dus minder natuurlijk en bespreekbaar maken. Daarom is het het beste om er vanaf het begin rekening mee te houden dat u bepaalde dingen niet in de hand zult hebben, en deze tijdwinst te maximaliseren door meer te werken aan het beheersen van uw reacties in onverwachte situaties. Je krijgt vertrouwen en rust.

Vervolg en einde van de getuigenis van Anne Rouchouse (belast met de verspreiding in de culturele sector)

"Ik bereid nu van tevoren zoveel mogelijk voor op een mogelijke toekomstige toespraak, zodat ik de tijd heb om me te verdiepen in mijn onderwerp dat verder gaat dan wat ik daadwerkelijk ga behandelen. Het assimileren van informatie die nauw of in de verte verband houdt met mijn onderwerp geeft me legitimiteit en sereniteit als het moment daar is.

Ik maak een gedetailleerde schets van de toespraak zoals ik me dat voorstel, schrijf dan alles op wat ik van plan ben te zeggen, en leer het dan bijna uit mijn hoofd. Uiteraard wordt de eerste schets tijdens de mondelinge opleiding meermaals herzien. Het is de herwerkte versie die ik zal leren tot ik het uit mijn hoofd ken.

Als iemand die informatie bijzonder goed onthoudt door te lezen, helpt het werken aan mijn verhaallijn om het aan te passen voor het spreken, het herlezen en het corrigeren op schrift mij enorm om het te leren. Dus het kost me relatief weinig herhalingen achteraf om het te leren kennen.

Ik houd de tijd bij, ook al is er geen tijdslimiet. Ik vind het geruststellend dat ik de tijdsfactor onder controle heb, ook al hebben we de neiging *ons in een ander tempo uit te drukken als we daadwerkelijk spreken.*

De avond voordat ik spreek, oefen ik vlak voordat ik naar bed ga, omdat ik echt het gevoel heb dat "erover slapen" effectief is!

Ik geef mezelf de tijd om mijn presentatie kort voor de deadline te repeteren. Als alles goed gaat, voel ik me zelfverzekerd en is de meeste stress weg. Zo niet, dan word ik me bewust van de delen die nog moeilijk lijken, zodat ik daar bij de presentatie beter mee om kan gaan.

Tijdens de presentatie houd ik mijn aantekeningen in hun geheel bij me (niet alleen een schets). Ook al heb ik ze meestal niet nodig, alleen al de wetenschap dat ik elk idee uit mijn presentatie kan vinden, geeft me een beter gevoel.

Ten slotte zoek ik altijd naar oogsteun in de zaal, en ik scan de zaal regelmatig om de aandacht van het publiek te stimuleren."

TOP 10 TIPS

1. Stel jezelf de juiste vragen voordat je je toespraak gaat voorbereiden. Wat voor publiek ga je aanspreken? Wat is het doel van je toespraak? Deze vragen zullen u effectief begeleiden bij uw voorbereiding en u tijd besparen voor uw toekomstige trainingen.

2. Doe ademhalingsoefeningen. Neem vanaf het moment dat je je voorbereidt tot het moment dat je begint de tijd om goed te ademen met eenvoudige oefeningen. Sommige theatrale praktijken zijn zeer nuttig om je hartslag onder controle te houden en "de negatieve vibraties los te laten".

3. Let goed op aan het begin van uw toespraak. Een goed begin geeft je meer vertrouwen voor de rest van de toespraak. Bereid een originele invalshoek of inleiding voor. Een humoristische anekdote is vaak een goede manier om het ijs te breken.

4. Vermijd zoveel mogelijk het uitschrijven van uw hele toespraak en lees vooral uw aantekeningen niet voor als u spreekt. Denk spontaan en natuurlijk!

5. Oefen zoveel mogelijk. Hoe meer tijd u neemt om te repeteren, hoe beter u uw toespraak zult beheersen en hoe comfortabeler u zich zult voelen als het zover is. Oefening kan stress aanzienlijk verminderen.

6. Concentreer je niet op het beeld dat je misschien uitzendt. Richt je in plaats daarvan op de consistentie

tussen je lichaamstaal en je spraak. Laat vooral je houding niet in tegenspraak zijn met wat je zegt.

7. Luister naar je publiek en wees flexibel. Je kunt hun betrokkenheid niet voorspellen, maar je kunt jezelf corrigeren, mits je goed voorbereid bent en je vertrouwd bent met het onderwerp.

8. Laat je niet storen door externe elementen. Nogmaals, er zullen altijd onbekende factoren zijn die je niet kunt controleren. Maar je kunt je reacties beheersen en blijven glimlachen en je energie hoog houden ondanks het onverwachte. Blijf consequent.

9. Zorg voor een goede houding door rechtop te staan. Het lijkt misschien niet belangrijk, maar studies hebben aangetoond dat rechtop staan niet alleen angst en stress vermindert, maar u ook meer zelfvertrouwen en energie geeft, en niet te vergeten een betere ademhaling, wat vooral belangrijk is als u langer dan 30 minuten gaat praten.

10. Vertrouw niet op je materiaal, want dat is slechts gereedschap. Als u vertrouwt op een *PowerPointpresentatie*, overlaad de dia's dan niet, maar vereenvoudig ze. Het doel is alleen uw publiek te helpen de stroom van de presentatie te volgen en de informatie in enkele kernwoorden vast te houden. Jij moet het middelpunt van de presentatie blijven.

"Spreken in het openbaar is iets waar je aan moet werken". Hier volgen enkele tips gebaseerd op de observatie en praktijk van spreken in het openbaar door Georges Peillon (consultant, trainer en assistent in crisiscommunicatie).

"90% van het succes ligt in de voorbereiding van de toespraak. Laat er geen twijfel over bestaan, als u bent gevraagd, is dat omdat u de beste persoon bent om over het betreffende onderwerp te praten … Dit betekent dat u alle kansen aan uw kant moet zetten.

Sommige mensen zijn zeer ongelijk als het om spreken gaat, sommigen zullen zich direct tot hun publiek richten, terwijl anderen een warming-up, d.w.z. repetitie, nodig hebben. Spreken in het openbaar is een beetje als zitten in een stoel: je hebt vier poten nodig om stabiel te zijn.

- **Het onderwerp.** Ben jij de beste persoon om over dit onderwerp te praten? Als het antwoord nee is, kunt u het beter opgeven dan aan een onderneming te beginnen die risico's inhoudt, niet in de laatste plaats het beeld dat u anderen voorhoudt. Als u daarentegen de expert bent op dit gebied, ontkomt u niet aan dit verzoek. U moet er dus aan denken voldoende tijd voor de voorbereiding uit te trekken.

- **Het publiek.** Hoeveel zullen er zijn? Zullen zij worden ingewijd in de materie of zal moeten worden getracht deze te vereenvoudigen? De antwoorden op deze vragen zijn essentieel als u uw publiek op het puntje van hun stoel wilt houden!

- **De context.** Onder welke voorwaarden spreekt u? Wat zullen de technische voorwaarden zijn? Wie spreekt er voor en na jou? Word je opgenomen? Hoe laat spreek je?

- **Spreker.** In welke gemoedstoestand ben je? Ben je nerveus, gestrest? Als dat zo is, zal het te zien zijn. Denk aan kalmerende beelden om je te helpen de situatie onder controle te houden en probeer je plankenkoorts te verminderen. Doe wat ademhalingsoefeningen.

Tot slot een anekdote. Op een seminar voor 150 directeuren communicatie moest een spreker uiteenzetten wat economische intelligentie was. Hij was een van de beste specialisten op dit gebied, en toch werd zijn toespraak om twee redenen een ramp. Ten eerste was het voor hem onmogelijk om de plankenkoorts die hem verlamde te overwinnen: hij brabbelde en verwarde alleen maar. Ten tweede verdronk hij in zijn verlangen om veel informatie te geven in het op het scherm geprojecteerde materiaal. Tot laat in de nacht had hij in feite zijn presentatie gewijzigd door het toevoegen en vervolgens verwijderen van informatie. Na zijn toespraak begreep niemand het concept van economische intelligentie beter...

Tot slot moet je een eenvoudige (niet simplistische) toespraak houden, want het gaat erom wat je gaat zeggen. Niets anders."

FAQ

WAAROM ZIJN WE BANG OM ONS IN HET OPENBAAR UIT TE SPREKEN?

Glossophobia, of de angst voor spreken in het openbaar, wordt voornamelijk veroorzaakt door angst voor oordeel en de blik van anderen. Het kan ook worden veroorzaakt door andere factoren, zoals:

* faalangst;

* de angst om iets te zeggen;

* angst om zichzelf voor schut te zetten;

* de angst om een moment van eenzaamheid te ervaren;

* en vaak een combinatie van verschillende van deze angsten.

Werk aan het identificeren van uw persoonlijke angsten in dit soort oefeningen door uzelf de juiste vragen te stellen – "Waarom ben ik zo bang voor spreken in het openbaar?" of "Wat riskeer ik door voor anderen te spreken?" – zodat je aan jezelf kunt gaan werken. Zodra u deze bronnen hebt geïdentificeerd, zal het gemakkelijker voor u zijn om ze te confronteren.

WELKE PRAKTISCHE OEFENINGEN HELPEN OM STRESS TE OVERWINNEN?

Ademhalingsoefeningen

U kunt eenvoudige ademhalingsoefeningen doen waarmee u zich kunt concentreren op uw hartslag en deze kunt kalmeren. Vierkante of vierstaps ademhaling en bewegende ademhaling, zoals hierboven gezien, zijn snel en gemakkelijk te doen. Andere snelle ontspanningsoefeningen die helpen je stress te verlichten:

- **vegen,** waarbij de vingertoppen van beide handen in het midden van het voorhoofd bij de haargrens worden geplaatst en dan naar de zijkanten worden geschoven tot ze uit het gezicht komen. Deze veegbeweging, driemaal herhaald op dezelfde plaats, kan ook worden uitgevoerd op andere delen van het gezicht (neuswortel, oogleden, wangen, mond, kin, hals);

- **de snelle sauna,** door de handen krachtig tegen elkaar te wrijven tot ze warm worden, de handpalmen op de gesloten oogleden te leggen en rustig te ademen tot de handpalmen afkoelen;

- **Zelfmassages,** op de slapen, plexus of wangen.

Bovendien kunt u met de buikademhaling, met een paar gebaren, aanzienlijk kalmeren en weer een normale hartslag en lichamelijke rust krijgen. Ga als volgt te werk:

- stap 1: ontspan je spieren, leg een hand op je buik en sluit je ogen;

- stap 2: adem diep in door je neus, blaas je buik op terwijl je rond je navel masseert;

- Stap 3: Adem heel langzaam uit door je mond terwijl je blijft masseren rond je navel;

- Stap 4: Herhaal de oefening verschillende keren, waarbij u zich concentreert op het in- en uitademen door de buik en het masseren om uw buikstreek te ontspannen.

Praktische oefeningen uit het theater

Er zijn ook veel oefeningen gebaseerd op theaterpraktijken waarmee je je toespraak kunt acteren en minder dramatisch kunt maken. Hoewel moeilijker om alleen te doen, kunnen sommige oefeningen individueel worden gedaan:

- spreek zo snel mogelijk. Het punt is om verbeelding en spreekvaardigheid onder stress te ontwikkelen. U kunt deze oefening bijvoorbeeld doen met een iets moeilijker onderdeel van uw presentatie en proberen de punten zo snel mogelijk te presenteren of uit te leggen. Deze techniek zal u uiteindelijk helpen om sneller en gemakkelijker manieren te vinden om dingen uit te leggen, en dus om het op de dag zelf vlotter te doen;

- denk aan elke persoon in het publiek in plaats van aan de groep. Als het de blik van anderen is waar je het meest bang voor bent, zal deze oefening je gelei-delijk helpen die blik te overwinnen. Als je deze oefe-ning niet met voldoende mensen kunt doen, kun je het stiekem proberen: loop over straat en kijk echt naar de mensen die je tegenkomt, of stop bij een doodlopende weg, alsof je op iemand wacht, en let op de manier waarop andere mensen naar je kijken. Je kunt bijvoorbeeld een gekleurd kledingstuk dragen om de aandacht te trekken en zo een echte confron-tatie aangaan met de blik van anderen;

- stel je realistisch voor wat je wilt dat er in je presen-tatie gebeurt. Om dit te laten werken, moet de projec-tie/visualisering realistisch zijn en gebaseerd op concrete elementen. U kunt zich dus het einde van uw presentatie en de opmerkingen van sommige van uw toehoorders tijdens de discussies voorstellen. Bij deze oefening is het essentieel dat je aandacht schenkt aan hoe je je voelt en wat je ervaart.

Omdat iedereen anders is, is het raadzaam verschil-lende oefeningen te zoeken, te testen en toe te passen die een echt effect hebben op uw stressmanagement. U kunt ook deelnemen aan workshops of cursussen improvisatietheater, waardoor u niet alleen kunt wer-ken aan uw verbale communicatie, maar ook aan uw non-verbale communicatie en een zeker vermogen ont-wikkelt om afstand te nemen van het beeld dat u pro-jecteert. Maak ze je eigen!

HOE BEREID JE JE VOOR OP EEN TOESPRAAK?

Een goede voorbereiding kost tijd en doorzettingsvermogen. Je moet erop voorbereid zijn dat je je toespraak verschillende keren zult herhalen, elementen zult veranderen, kortom, je presentatie zult omdraaien totdat je hem volledig hebt geïntegreerd.

In het algemeen moet u nadenken over:

- stel jezelf vanaf het begin de juiste vragen;

- zoeken naar informatie die je misschien mist;

- Maak een duidelijk plan om een nauwkeurige, pittige en professionele boodschap over te brengen;

- werken aan de vorm door steeds te herhalen;

- denk aan een invalshoek die de aandacht van het publiek vanaf het begin trekt.

WELKE FOUTEN MAG JE NIET MAKEN?

Er zijn veel valkuilen te vermijden. Onder de fouten die niet gemaakt mogen worden:

- je publiek verwaarlozen;

- de voorbereiding verwaarlozen;

- een rol spelen;

- te serieus en afstandelijk overkomen;

- gewoon je *PowerPoint* presentatie lezen;

- notities lezen of voordragen;

- taalgebruik ("uh", "dus", "zo", enz.);

- bevroren stilstaan.

Doe er alles aan om de aandacht van uw publiek te trekken en vast te houden!

WAT ALS IK MIJN PRESENTATIE UIT HET OOG VERLIES?

Het is niet ongewoon dat je door hyperconcentratie of na een onderbreking de draad kwijtraakt van wat je zei. Geen paniek. Als dit je overkomt, pak dan je aantekeningen en bekijk ze snel. De visuele trucs die u van tevoren hebt ontwikkeld, helpen u zich te herstellen en uw presentatie met een gerust hart voort te zetten. Denk bijvoorbeeld aan het organiseren van uw checklists:

- aan de ene kant je geschreven speech;

- anderzijds, het plan van uw interventie, schematisch en visueel.

HOE HOU JE HET HOOFD KOEL BIJ EEN STRIKVRAAG?

Uw reacties beheersen en uw kalmte bewaren zijn automatische vaardigheden die u zich snel eigen moet maken: ze worden aangeleerd door uw spreekervaring. Dit verbetert niet alleen de kwaliteit van uw presentaties op het werk, maar helpt u ook in het dagelijks leven.

Bedenk dat het publiek er normaal gesproken niet is om je voor de gek te houden of je een ongemakkelijk gevoel te geven. Iedereen weet hoe moeilijk dit soort oefening kan zijn en als u een vraag wordt gesteld waarover u niet hebt nagedacht, haast u dan niet. Neem de tijd om op uw gemak na te denken en te antwoorden, want uiteindelijk bent U de baas, dus profiteer ervan!

Tenslotte, ook al heb je de inhoud van je presentatie voorbereid, ben je misschien geen expert over het onderwerp. Durf daarom uw geringe kennis van het onderwerp toe te geven door bijvoorbeeld te antwoorden: "Ik kan u op dit moment geen antwoord geven" of "Ik wil geen onzin uitkramen". Bovendien lijkt iedereen die denkt dat hij of zij alles weet over een onderwerp erg pretentieus. Dus, als de situatie zich ervoor leent, aarzel dan niet om de contactgegevens van de persoon te nemen en neem opnieuw contact op nadat je wat meer onderzoek hebt gedaan.

MOETEN WE BANG ZIJN VOOR STILTES?

Stiltes kunnen zeer destabiliserend zijn voor sommige mensen. Snel spreken en elke seconde vullen, om stress te compenseren en zo snel mogelijk door een presentatie heen te komen, zal er zeker toe leiden dat het publiek onmiddellijk zijn interesse verliest. Kies daarom een gedrag dat rustig, natuurlijk en diepgaand overkomt.

Stiltes zijn nuttig om twee verwante redenen:

• ademhaling;

• een meer gematigde snelheid van spreken.

Pas op dat u niet in het tegenovergestelde geval vervalt en te langzaam spreekt of stiltes misbruikt. Zoals met alles, moet je de juiste balans vinden! En oefening helpt je daarbij.

IS EEN *POWERPOINT-PRESENTATIE* NOG NODIG?

Op het eerste gezicht lijkt alles erop te wijzen dat de behoefte aan een visueel hulpmiddel afhangt van het onderwerp dat u wilt behandelen en de context waarin u uw toespraak houdt. Het is echter vrij zeldzaam geworden dat een toespraak wordt gehouden zonder visueel hulpmiddel (zoals *PowerPoint*). Dit hulpmiddel is steeds populairder geworden en is nu onmisbaar voor elke presentatie. Het wordt aanbevolen in het kader van:

• een presentatie die meer dan 20 minuten duurt;

• een complexe presentatie of veel cijfers.

Door te kiezen voor een visueel hulpmiddel met gestructureerde en herbruikbare informatie, maakt u het voor de mensen tot wie u zich richt gemakkelijker om het te begrijpen. Het zal u ook helpen om veel gegevens vast te houden, aangezien een toespraak van meer dan 20 minuten een vrij dichte inhoud impliceert.

Voor sommige presentaties, met name interne vergaderingen, kan het interessant en leerzaam zijn om af en toe zonder *PowerPoint-ondersteuning* door te gaan en te vertrouwen op uw spreekvaardigheid, die door oefening sterk toeneemt. Daag jezelf uit, zo krijg je uiteindelijk plezier in het spreken.

HET IS AAN JOU!

Succesvol spreken in het openbaar, overtuigen en een boodschap brengen ligt binnen ieders bereik, omdat het mogelijk is elke potentiële bron van stress te vermijden, door deze te omzeilen of te bestrijden door het toepassen van een aantal persoonlijke trucs!

1. Begin dus met het aanpakken van de oorzaken van stress.

2. Ontdek de bijbehorende angsten.

3. Bedenk actieplannen om de situatie te verbeteren en te overwinnen wat je tegenhoudt.

Aangezien het allemaal om voorbereiding en werk gaat, moet u nagaan wat u vertraagt of problemen oplevert en daar meer tijd aan besteden. Alleen jij kunt beslissen hoe je uit de sleur komt, dus het is aan jou!

OM VERDER TE GAAN

BIBLIOGRAFISCHE BRONNEN

Franc Desages (Caroline), "Comment gérer la peur de parler en public?", in *L'Express.fr*, 19 mei 2014.

http://www.lexpress.fr/styles/psycho/glossophobie-comment-gerer-la-peur-de-parler-en-public_1537311.html

Gannac (Anne-Laure), "Parler face au public", in *Psychologies. com*, 2002.

http://www.psychologies.com/Moi/Moi-et-les-autres/Timidite/Articles-et-Dossiers/Oser-se-parler/Parler-face-au-public

Grange (Philippe), *Prise de parole en public à l'usage des managers et des communicants*, Parijs, Faits & Chiffres, 2013.

Holmes (Lindsay), "Voordelen van een goede houding op stress, productiviteit…: 6 redenen om rechtop te staan", in *The Huffington Post*, 8 oktober 2014.

http://www.huffingtonpost.fr/2014/10/08/bienfaits-posture-stress-productivite-tenir-droit_n_5943986.html

Rouden (Elsa), "6 ontspanningsoefeningen tegen stress", in *Femina.fr*, 9 augustus 2011.

http://www.femina.fr/Sante-Forme/Bien-etre/6-exercices-de-relaxation-contre-le-stress

Semeunacte (Mohamed), "7 technieken voor effectief (en interessant… voor de verandering) spreken in het openbaar", in *Semeunacte.com*, 15 januari 2014.

http://semeunacte.com/orateur-efficace

Sorzana (Catherine), *La prise de parole en public*, Parijs, Victoires Éditions, 2010.

We horen graag van u! Laat
een reactie achter op jouw online bibliotheek
en deel je favoriete boeken op social media!

De uitgever garandeert de betrouwbaarheid van de gepubliceerde informatie, die echter niet onder zijn verantwoordelijkheid valt.

Master ISBN: 9782808604819
Papier ISBN: 9782808606028
Wettelijk depot: D/2023/12603/29

Digitaal ontwerp: Primento,
de digitale partner van uitgevers.